博 物 之 旅

大自然的杰作
地理奇观

芦 军 编著

安徽美术出版社
全国百佳图书出版单位

图书在版编目（CIP）数据

大自然的杰作：地理奇观 / 芦军编著. —合肥：
安徽美术出版社，2016.3（2019.3重印）
（博物之旅）
ISBN 978-7-5398-6674-1

Ⅰ.①大…　Ⅱ.①芦…　Ⅲ.①地理—少儿读物　Ⅳ.①K9-49

中国版本图书馆CIP数据核字（2016）第047083号

出 版 人：唐元明　　　责任编辑：程　兵　张婷婷
助理编辑：方　芳　　　责任校对：吴　丹　刘　欢
责任印制：缪振光　　　版式设计：北京鑫骏图文设计有限公司

博物之旅

大自然的杰作：地理奇观

Daziran de Jiezuo　Dili Qiguan

出版发行：安徽美术出版社（http://www.ahmscbs.com/）
地　　址：合肥市政务文化新区翡翠路1118号出版传媒广场14层
邮　　编：230071
经　　销：全国新华书店
营 销 部：0551-63533604（省内）0551-63533607（省外）
印　　刷：北京一鑫印务有限责任公司
开　　本：880mm×1230mm　1/16
印　　张：6
版　　次：2016年3月第1版　2019年3月第2次印刷
书　　号：ISBN 978-7-5398-6674-1
定　　价：21.00元

目录

博 物 之 旅

目 录

地球是怎样形成的？

地球是我们人类世世代代生存的家园，但生活在地球上的我们是否知道地球是怎样形成的呢？

在几十亿年以前，我们的太阳系还只是一团不断旋转的像盘子似的一块星云。盘中的星云微粒在互相碰撞、吸附和旋转的过程中不断壮大，最后形成了几个原始星球的胚胎，其中一个就是地球。刚刚形成的地球不断地旋转着，使重的物质沉到地心，轻的物质留在表

层，从而形成了由地壳、地幔、地核三部分组成的地球内部层圈。

　　早期的地球在不断熔融和凝结过程中释放出大量的甲烷、氨、水和氢气，它们不断聚集，形成了原始的大气和海洋。在阳光的沐浴下，地球逐渐变暖，接着产生了风暴和电闪雷鸣、火山爆发、岩浆奔流这样的现象。在这个过程中，经过分子的组合和复杂的化学变化，逐渐形成了能不断自我复制的分子，又经过了漫长的不断演化，最终形成了原始的生命。

地球的年龄有多大？

地球有多大岁数？从人类的老祖先开始，人们就一直在苦苦思索着这个问题。

地球的地质年龄，我们现在一般是根据放射性元素的衰变规律来估算的。科学家们通过这种方法测得了地球上许多古

老岩石的年龄。近年来，科学家们又测得了一些落到地球上的陨石年龄是 44 亿~48 亿年，而从月球取回的岩石样品的年龄是 46 亿年左右。

经过科学家们大量的测算和必要的校正，现在国际上普遍以 45.5 亿年作为地球的地质年龄。

地球为什么是球形的？

人们对地球形状的认识经历了一个漫长的过程。早期，人们凭直觉认为天是圆的、地是方的，所以有"天圆地方"的说法。公元 1522 年，麦哲伦和他的伙伴完成绕地球一周的航行，证实了地球是个圆球体。今天，通过地球卫星拍摄的照片，我们可以清楚地看到圆球形的地球。

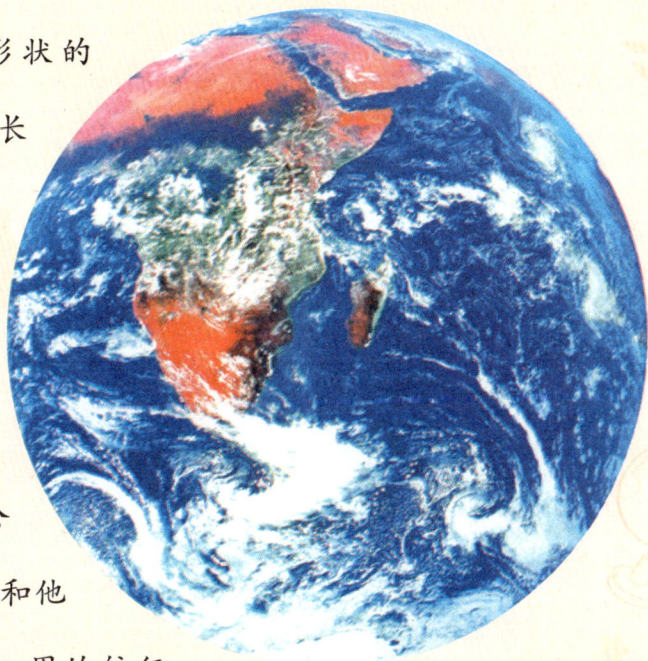

地球的形状跟它的成因、重力和自转有关。地球在形成过程中，外部先冷却固化，地幔以下仍处于高温熔融状态，在

重力作用下，地层中轻重不同的物质逐渐分层，呈现出同心圈的结构。距地心相同距离处基本上由同一种物质构成，因此重力也一致，而只有圆球形才能保证各方向上的重力平衡。同时，地球自转产生的惯性离心力在赤道上最大，就使得地球由两极向赤道逐渐膨胀，形成了稍扁的圆球体。科学家们通过实地测量，测得地球从地心到赤道的半径长为 6378 千米，从地心到两极的半径长为 6357 千米，二者相差 21 千米。

地球的总面积是怎样知道的？

　　世界上第一个用测量的方法推算出地球大小的人是古希腊学者埃拉托色尼。

　　在亚历山大港以南的阿斯旺有一口很深的枯井，每年只有夏至那一天的正午，太阳才能够一直射到井底，也就是说，这一天的正午，太阳位于阿斯旺的天顶；而与此同时的亚历山大港正午的太阳并不是直射的。

　　埃拉托色尼用一根垂立地面的长柱，测得亚历山大港那天太阳的

入射角为 7.2 度，而这 7.2 度的相差，正是亚历山大港和阿斯旺两地的地面弧距。据此，他求得地球的圆周大约为 39816 千米，这个数值已经很接近目前计算出来的地球圆周。此后，科学家们分别运用相似法、三角测量法做了精密的测算，算得地球的平均半径为 6371 千米，然后根据几何公式推算出地球的总面积大约是 5.1 亿平方千米。

地球转动，为何我们感觉不到？

　　大家知道，地球在永不停息地绕着地轴自西向东自转，同时它也在绕着太阳公转。在赤道上，物体随地球自转的运动速度每秒钟能达到 465 米，一天大约会移动 4 万千米，而地球绕太阳公转的速度每秒则可达到 30 千米。这么快的速度早已远远超出了我们在地球上搭乘的任何一种交通工具，但是我们就生活在地球上，为什么感觉不到地球在转动呢？

　　其实，这是缺少参照物以及惯性的缘故。乘车的时候我们能感觉到车在前进，是因为有路边的树或建筑作为参照物；而在茫茫的大海中，几乎没有参照物，坐在船上的人就很难感觉到船在前进和前进的速度。事实上，日月星辰的东升西落就说明了地球是在不停地自转。

　　另外，由于地球是永不停息地运动着，运动的速度也基本保持均匀，并没有忽大忽小，从而使我们保持惯性，所以就感觉不出地球在动了。

地球上的氧气会用完吗？

氧是人和动植物呼吸所必需的气体，我们离不开氧气。但是，地球上的氧气会有用完的一天吗？

从科学的角度讲，地球上的氧气在短期内是不会缺乏的，因为氧气是可以再生的。大自然中，森林及其他绿色植物就是制造氧气的"工厂"。这些植物通过光合作用，吸收大气中的二氧化碳、土壤中的水分和溶解在土壤溶液中的无机矿物养料，制造有机物，储存太阳能，同时释放出新鲜的氧气。每天，当阳光照射在植物叶子上时，这种光合作用就开始了。这样的制

氧工厂能源源不断地供应新鲜氧气。

但是，人们也不无忧虑，因为我们周围的空气在不停地老化。空气老化的标志就是空气中的氧气含量及其质量在下降。科学家忠告人们，应加强危机意识，不要人为地破坏生态环境，要大力植树造林，增加绿化面积，治理"三废"，减少大气污染，保护好我们的生存环境。

未来地球将是什么模样？

由最初的宇宙大爆炸不断演化，形成了今天的银河系、银河外星系等宇宙天体物质。地球也随之诞生，并经过漫长的进化、变迁，造就了我们今天的盎然生机。

地球的热量主要来自于放射性元素所产生的能量。在地质变迁过程中，随着地球内部放射性元素的不断减少，地壳温度逐渐下降，地质构造运动和火山运动逐渐减弱，地球表面的高山将不断被削蚀，低谷不断被填平，最后整个地球表面将被海水覆盖，变成一片汪洋大海。但是，这大概需要几十亿年甚至更长的时间。

另外，太阳——地球所赖以生存的恒星——也主宰着地球的命

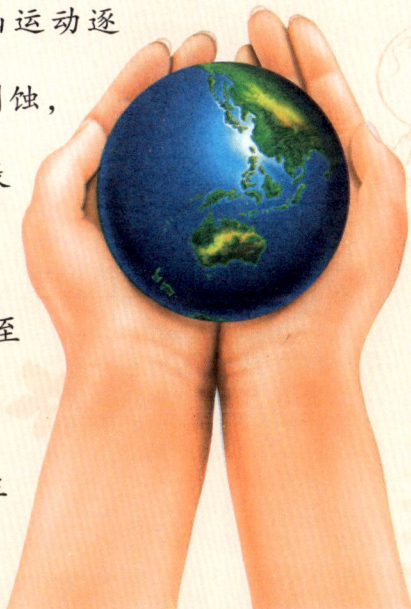

运。现在正处于壮年期的太阳，几十亿年后就会进入红巨星阶段。到那时，太阳会变热膨胀，亮度会增加近千倍，直径也增大 200 倍，地球将被烤为灰烬，最终挥发掉，地球上的生命也就结束了。

地壳中什么金属最多？

许多人常常以为铁是地壳中含量最多的金属，但实际上，地壳中含量最多的金属是铝，其次才是铁。科学家对地下16千米以内的大量岩石样品进行了分析。结果表明，地壳中铝的含量是 7.45%，而铁的含量只有 4.2%。在自然界中，含铝的矿

物分布十分广泛。地球上到处都有铝的化合物，像最普通的泥土就含有许多氧化铝。

说了这么多，铝到底是一种什么样的金属呢？

铝是一种银白色的轻金属。纯净的铝很软，可以压成很薄的箔，现在包糖果、香烟的"银纸"，其实大都是铝箔。

在生活中，我们到处都可以看到铝的影子。我们平常使用的硬币，是铝做的。在厨房里，我们还可以看到铝锅、铝盆、铝勺……然而，在一百多年前，铝却被认为是一种稀罕的贵金属，价格比黄金还贵，甚至还被列为"稀有金属"。

地心温度有多高？

　　地球作为一个整体是由同心圈层构成的，从表面向地心依次为地壳、地幔、地核。它们的温度都不相同，越往地心温度越高。

　　最外层的地壳平均厚度为 33 千米，地壳的底部温度能达到 1000℃左右。地壳往下是地幔，地幔为固体层，厚度为 2900 千米左右。地幔再往里就是地核，它的半径约为 3500 千米，成份主要是铁。地核可分为"外地核"和"内地核"两层。处在地表以

下 2900～5120 千米的部分叫外地核，是液体状态。从 5120 千米直到地心则为内地核，是固体状态。

科学家通过模拟的方法来推测地心的温度。由于地球中心是熔融状态的铁，通过制造与地球内部相同的压力条件，在此条件下测出铁熔化的温度就可以测出地球中心的温度。经过 500 次实验，科学家们得到铁在这种高压条件下的熔化温度是 7300℃，但由于地心还存在硫等其他元素，会降低铁的熔化温度，因此最终结论是地心温度为 5500℃～6000℃。

为什么太阳系中只有地球有生命?

在太阳系的八大行星中只有地球上有生命存在，这究竟是为什么呢？因为地球上具备生命赖以生存的条件。

生命要生存下去，必须有阳光、水和适宜的温度，这样生命才能进行新陈代谢，繁衍生息。地球距离太阳不远不近，接收的太阳光照适中，植物可以随时随地进行光合作用，以储存生命活动需要的能量，而依赖植物生存的动物也可以获得食物，得以生存。

　　地球上适宜的温度，也是生命存在必需的条件。大气层就像一床厚棉被，起着保温的作用，使照射到地球表面的太阳光与热不会立刻散发到太空中去，温度才不会剧烈变化。同时，大气层也挡住了来自宇宙空间强烈的紫外线，使地球上的生命免遭伤害。

　　最重要的是，地球上有大量的水，为生命的延续提供了源泉。

为什么雨水不能喝呢？

首先我们要知道雨水是怎样形成的。空气中的水汽遇冷后凝结成小水滴，渐渐发展成厚厚的云层，当不断上升的空气托不住云层时，水滴就落到地面上，形成雨水。

雨水在下降的过程中，要经过大气层。我们知道，工厂里的废气和我们生活中的汽车尾气等大量有害气体，都排在大气中。在刮大风的时候，地面上许多浮土也被大风带进大气中。这些气体中含有大量的二氧化硫、氮氧化合物、碳化合物等。当雨滴降落时会经过大气层中的气体和粉尘，这些东西和雨水黏附、溶解在一起，然后和雨水一起降落到地面。

因此，我们戏称雨水是一名勤劳的"清洁工"。每次下过

雨之后，我们都会感到空气比较清新，大气层中的许多有害物质，伴随着雨水被清除掉，天空也变得格外蓝。

现在你们知道雨水为什么不能喝了吧？

为什么地球上经常闹水荒？

我们知道，地球被称为"水球"，可是，为什么地球上还经常闹水荒呢？

地球上水的储量在 14 亿立方千米，这是一个多么庞大的数字啊！可是，这些水 94% 都分布在海洋中，不能被人们直接利用。根据联合国 1997 年的统计，全世界的淡水储量只有

0.35 亿立方千米。

虽然淡水资源有限，人均还是比较多的。可是，为什么有的地方会闹水荒呢？其实，淡水资源在世界上分布很不均衡。多水的地区，比如东亚、南亚，大量的淡水随着地表白白流入大海。而在干旱的地区，比如南非、苏丹、肯尼亚等地区，到处都是荒漠，严重缺乏淡水资源。

我国水资源的分布也很不均匀，内蒙古及大西北是十分干旱的地区，那里到处是沙漠和戈壁滩，水资源相当缺乏，而在南方的大部分地区，水量充足。因此，我国实施南水北调工程，以此解决北方缺水的问题。

为什么雨会从天空落到地上？

天空中会下起雨是一种很常见的自然现象。

当阳光照射在大地上时，江河湖海里的水会不断地蒸发到空气中，花草树木以及地面上的水也会蒸发，生成水蒸气。水蒸气随同空气一起升到高空。在不断上升的过程中，水蒸气会越变越冷，变冷的水蒸气凝结成许多小水滴，小水滴越积越

多就变成了天上的云。

云层里的小水滴越聚越多，会结成许多更大的水滴，当云中的水滴超过饱和状态时，云就不能承受水滴的重量，水滴就会从天上降落下来，这就是下雨了。这时，我们就能看见雨从天空中落下来了。

夏季为什么会出现"东边日出西边雨"的景象？

炎热的夏季会发生这样的景象：在同一个城市，一边是阳光高照，一边却是大雨倾盆。我国古代早就把这种景象写入诗中，"东边日出西边雨"就是其中的一句。

在大自然中，为什么会出现"东边日出西边雨"这种奇

特的景象呢？原来，这是由于降水量水平分布的不连续性造成的，尤其是在夏季更为突出。夏季降水量水平分布的差异，主要与产生降水的云的本身特点及当地的地形、地貌等因素有关。在夏季，降雨多为对流雨，产生降水的云多半为雷雨云，这是一种垂直发展十分旺盛、水平范围发展较小的云。由于这种云体积较小，在它移动和产生降水时，只能形成一片狭小的雨区，这就比较容易造成雨区内外雨量分布的显著差异，从而出现"东边日出西边雨"的奇妙景象。

为什么雷雨前很闷热？

夏天的时候，经常下雷雨，雷雨来临之前，通常会天气闷热，让人觉得透不过气来。但是，为什么雷雨前会很闷热呢？

因为雷雨的形成需要两个条件：一是地面上温度要高，二是大气层里湿度要大。地面上热了，靠近地面的空气温度能升得很高，轻轻地浮向高空。但是如果只是热，空气很干燥的话，雷雨也不会发生的，只有当湿度大了，有潮湿的空气上升到了

高空，才会形成雷雨云。天空里有了雷雨云，就可能有雷雨发生。

大气里温度高了，水汽多了，这时候地面上的水不易蒸发，人身上的汗也不容易干，这样我们就会感到十分闷热。谁都有这样的经验，当我们在浴室里洗澡时感到又热又闷，这就是浴室里温度高、水汽多的缘故。所以，闷热是大气里水汽多、温度高的表现，也就是雷雨发生的预兆。

为什么夏天会出现雷阵雨？

夏季经常会出现这样的天气，本来烈日炎炎，转眼间却狂风大作、雷雨交加，这就是雷阵雨天气。雷阵雨天气轻则可以飞沙走石，重则拔树倒屋。那么，雷阵雨是怎么形成的呢？

雷阵雨的发生需要有强对流的雷雨云系。

夏季，由于气温高，蒸发量大，含有大量水汽的热空气不断上升，随着海拔高度的增加，温度会逐渐下降（每上升100米，气温降低0.6 ℃），空气也就渐渐变冷。这时，空气中的一部分水汽凝结成小水滴，天空就会起云。

随着含有大量水汽的热空气的不断增加，云就越堆越大，越堆越高。这样的云，在气象上叫积雨云，其云底离地面约1000米。

云中水滴合并增大，直到上升热气流托不住了，就从云中掉下来。下层的热气流被雨淋后，骤然变冷，不再上冲，转而向地面扑下来。此时，空中的电荷开始放电，并伴随着轰隆隆的雷声。于是，雷阵雨就发生了。

为什么雷雨时先看到闪电后听到雷声？

夏天雷雨天气时常常先看见闪电，后听见雷声，这是什么原因呢？

首先让我们了解一下雷电的形成过程。天空中的雷雨云（主要是积雨云）在形成过程中，由于大气电场以及温差起电效应、破碎起电效应的同时作用，正负电荷分别在云的不同部位积聚。当电荷积聚到一定程度，由于所带的电荷性质相反，就会在云与云之间或云与地之间产生瞬间剧烈放

电的现象。在这放电过程中，往往伴随着强烈耀眼的闪光和震耳欲聋的轰响。所以，在空中，闪电和雷声是同时发生的。由于闪电的速度是每秒 30 万千米，而雷声是每秒 340 米，闪电传播的速度要比雷声快得多，雷声总是落在闪电后面。因此，我们总是先看见闪电，后听见雷声。

为什么雷容易击中高耸孤立的物体？

　　我们知道，在高大的建筑物，如高耸的烟囱、摩天大楼等上面装上避雷针，可以避免遭受雷击。可是，为什么雷容易击中高耸孤立的物体呢？

　　由于雷雨云的云底部带电，能使地面发生感应，并使地面产生与云底电性不同的电荷，这称为感应电荷。这种感应电荷在小范围的地面上是同一性质的，由于同种性质的电荷是相互排斥的，这种排斥力造成的沿地面方向的分力，在弯曲得厉害的地方比平坦一些的地方小，于是电荷就会移动到弯曲得厉害的地方去，所以在弯曲得厉害的地面上，感应电荷就多一些。高耸的物体，作为地面的组成部分，成为地面上最弯曲的一部分，当地面受到雷雨云的感应产生感应电荷时，在高耸的物体上就集聚了较多的电荷，对闪电的引力大，很容易把闪电拉过来。

　　所以，大雷雨天气时，不要在大树、电线杆等高耸物体下躲雨，否则有可能遭到雷击。

云彩是怎么形成的？

"蓝蓝的天上白云飘，白云下面马儿跑……"歌声中我们经常听到对蓝天、白云的赞美，那么云彩是怎么形成的呢？

形成云彩的主要原因是由于潮湿空气的上升造成的。暖湿气流在上升的过程中，因为外界气压随高度降低，而它的体积逐渐膨胀，膨胀必然要消耗能量，消耗能量导致的结果就是降温。上升空气的气温降低了，它里面所含水汽的压力就会减少，于是就会有一部分水汽以空气中的尘埃为核形成小水滴。这些小水滴体积非常小，但浓度很大，因为它下降的速度很小，

所以被上升的气流托着，形成浮云。

我们已经知道，云彩是由于潮湿空气上升造成的，那么怎样才会发生潮湿空气的上升运动呢？首先是热力作用。夏天，太阳光辐射强烈，近地面的空气被急剧加热，热而轻的空气很容易产生上升运动。其次是冷暖空气交锋，暖空气在冷空气上面上升也会形成云层。最后是因为地形的作用，平流的湿空气遇到山脉、丘陵的阻挡，就会被迫上升而形成云。

梅雨是怎样形成的？

　　我国江南地区，在梅子成熟的季节会阴雨连绵，通常要好多天才会停止下雨，这时候的雨被称为"梅雨"。

　　梅雨是怎样形成的呢？

　　在我国南方，每年从春季开始，暖湿空气势力增强，从海上进入大陆以后，与北方南下的冷空气相遇，由于从海洋上来的暖湿空气含水汽很大，冷暖交锋，就形成了长长的雨带。

　　如果冷空气势力比较强，雨带则向南移动；如果暖空气比较强，雨带则向北移动。但是，在梅子快要成熟的这段时期，冷暖空气的势力相当，你追我赶互不相让，两种空气就在江南地区展开了"拉锯战"，因此就形成了长期阴雨绵绵的天气，也就是江南地区的"梅雨"天气。

为什么人工可以降雨？

我们知道，随着世界人口的增加和农业的高度发展，人类对淡水的需求量急骤上升，许多地区出现了严重的水资源危机。因此，人工降雨就成为增加淡水量的一种有效途径。

为什么人工可以降雨呢？降雨的形成需要三个条件：大量的凝聚核、过饱和的水蒸气和温度的下降。云是由水汽凝结

而成，而云的厚度以及高度通常由云中水汽含量的多少以及凝结核的数量、云内的温度所决定。一般来说，云中的水汽胶性状态比较稳定，不易产生降水，而人工降雨就是要破坏这种胶性稳定状态。通常的人工降雨是通过一定的手段在厚度比较大的中低云系中播散催化剂（碘化银），增加云中的凝结核数量并降低云中的温度，这样有利于水汽粒子的凝结增大并产生对流。当空气中的上升气流承受不住水汽粒子的飘浮时，便产生了降雨。

为什么说风调才能雨顺？

　　我国是著名的季风气候国家之一，夏季盛行东南风，冬季盛行西北风，春秋季分别属于从冬季风至夏季风以及从夏季风至冬季风的过渡季节。通常的年景，5月时分，夏季风前哨到达南岭山脉，6月中旬至7月中旬迁回至长江中下游地区，7月底窜至华北、东北平原。假如夏季风根据这种规律，一步

步地由南向北移动，不徘徊也不跳跃，这就是所谓的"风调"了。

雨带的活动与季风前哨是息息相关的，夏季风前哨到达哪里，哪里就开始出现雨季。在农业上，华南、长江中下游、华北、东北等地区农田里的作物正是需要雨水的时候，雨水就源源而来，滋润了作物的生长。等到农作物不太需要雨水的时候，季风的活动正好已经过去了，雨水减少，阳光增多，这就是"雨顺"。

如果季风前哨在一个地区停留太久，或者一跃而过，就风不调雨不顺了。这样，常常会出现洪涝灾害或者干旱天气。

为什么会形成寒潮？

　　冬季的时候，我们经常会受到寒潮的侵袭。那么，寒潮是怎么形成的呢？

　　冰雪封冻的北极地区和高纬度寒冷地区，是北半球寒潮的发源地。在冬季，北极地区很少得到阳光的辐射，便逐渐消耗夏季积存的热量，导致温度逐渐下降，这样高纬度地区就成

了冰雪世界。冰雪又把太阳辐射的热量反射回去，极地便更加寒冷，冷空气就越积越多。

随着冷空气的逐渐增多，此处的气压大大高于南方。遇到适当的条件，冷空气就大举南下，形成寒潮。影响我国的寒潮主要来自于西伯利亚，从西北方来的寒潮途经西伯里亚的时候，冷空气得到加强，就形成冬季我国的大风和雨雪天气。

为什么西北风总是特别冷？

　　在我国，北方的人常有这样的感觉，一到冬天，西北风吹得人脸如刀割一样疼。这是因为，越是在北方，空气也就越冷。而且，空气这种越北越冷的现象，在春季与秋季表现得最明显，而在夏季与冬季却差别不大。

　　但是，居住在我国东南部的人们，一到春秋季节，西北

风总是让他们感觉非常寒冷。为什么会这样呢？

　　我国西北部地区多为沙漠，并且距海遥远，那里的空气比较干燥。在春秋季节，我国西北部的空气大举南下，干冷的空气替代了南方的暖湿空气，并且带来大面积降雨，这就使东南部的人们感到非常寒冷。

　　所以，长期这样，东南部的人们就感觉西北风总是特别冷。

为什么雨点有小·有大？

雨点的大小取决于空气中水汽含量的大小和云中垂直运动是不是剧烈这两种情况。

夏天，风从海面上吹来，空气中的水汽非常丰富，并且地面上的温度很高，空气的对流运动非常强烈，大量的水汽被带到高空之后，由于温度降低，凝结成了水滴，天空中就出现了云块；如果对流运动很强烈，云块就会变得很厚很大，就会像座大山。假如它的顶部生成了纤维状且具有蚕丝光泽的云丝，这就说明云块已发展到了最盛的

阶段，气象上也称这种云为"积雨云"。在积雨云当中，雨滴非常大，并常常形成雷雨，雷雨的雨滴最大直径可达到6~7毫米。

最小的雨点要数毛毛雨了，它的直径在0.5毫米以下。因为毛毛雨的云层非常薄，空气非常稳定，水汽也不很丰富，所以雨点就极小，落到水面上也不会激起波纹。

为什么会有地下水？

地下水是指埋藏在地面以下，存在于岩石和土壤的孔隙中可以流动的水体。地下水的来源主要是渗透水，是由大气降水、冰雪融水、地表流水、湖水及海水等从地面渗入地下积聚而成的；其次是空气中的水汽因降温在地面凝聚成水滴后渗入地下积聚而成的凝结水；湖水或海水伴随沉积物一起沉积而保存起来的古水；由岩浆活动过程中冷却析离出来的水积聚而成的原生水。

地下水有气、液、固态三种，但以液态为主。当含有地下水的岩层或土壤中

的地下水含量过高达到饱和时，水就从高处渗漏，饱水带中的水即为地下水。常见的井水、泉水都是地下水。地下水分布广泛，水量也较稳定，是工农业和生活用水的重要水源之一。

地下水位过高对农作物生长不利，会造成灾害，如果地下水含盐量较高，则会产生土地的次生盐碱化。

五彩湖为什么有五种颜色？

五彩湖位于西藏北部无人居住的山间小平原上。在阳光照耀下，湖水闪现出白、黄、红、绿、蓝五种色彩，传说是天上的五位仙女幻作一泓神秘的湖泊永远留在人间。五彩湖中的各种色彩层次分明，各居一方。为什么同一个湖泊里会出现五种不同的颜色呢？

　　原来，青藏高原本是大海的一部分，随着地壳变动，海底成了陆地。五彩湖所处的地势低洼，因而形成湖泊。当时青藏高原的气候湿热，因而形成了红色土，较浅的湖水被红土映照成红色。到第四纪冰川来临时，强劲的北风吹来了黄土，它们沉积于红土之上的湖岸，因而湖水在黄土的映照下，形成黄色。以后青藏高原继续抬升，气候变干，长期干旱和湖水的强烈蒸发，在湖岸边又形成了白色的石膏层，湖水在石膏层的映照下显现白色。在湖水较深的地方，由于阳光的散射又形成绿色和蓝色，因而湖中五彩纷呈，十分奇特。

青海湖是怎样形成的？

　　我国最大的内陆咸水湖是青海湖。它是国际重要湿地，作为青藏高原的重要组成部分，一直为人们所瞩目。

　　在青藏高原由海洋隆起为陆地时，部分海水被四周的高山环绕起来，形成许多湖泊。青海湖就是其中一个巨大的湖泊，湖水从东面注入黄河。大约距今100万年前，青海湖东面的

日月山发生了强烈的隆起，拦截了青海湖的出口，使它成了闭塞湖。

　　青海湖是一处富有神奇色彩的游览地，也是一个为全世界科学家所注目的巨大宝湖。政府曾对青海湖进行了多次综合考察，发现青海湖里有丰富的矿产资源。湖中盛产湟鱼，是我国西北地区最大的天然鱼库。四五月间，鱼群游向附近河流产卵，布哈河口密密麻麻的鱼群铺盖水面，使湖水呈现黄色，鱼儿游动有声，翻腾跳跃，异常壮观。

日月潭的名字是怎么来的？

　　我们经常说日月潭是台湾最美的地方，但是日月潭的名字是怎么来的呢？

　　日月潭是台湾唯一的天然湖，是台湾岛最著名的风景区。它位于西部的南投县，是台湾省唯一的天然湖泊，卧伏在玉山和阿里山之间的山头上。

　　日月潭四周青山环抱，美景如画。日月潭本来是两个单独的湖泊，后来因为发电需要，在下游筑坝，水位上升，两湖就连为一

体了。远远望去，潭中美丽的小岛像玉盘中托着的一颗珠子，故名珠子屿，现在叫光华岛。珠子屿把湖面分为南北两半：东北面的形状好像圆日，故叫日潭；西南边的如同一弯新月，故称月潭。台湾八景之一的"双潭秋月"就是由此而来。

日月潭周长35千米，面积7.7平方千米，水深二三十米。水面比杭州西湖略大，水深却超过西湖十多倍。这里四季气候宜人，冬天平均气温在15℃以上，夏季7月份只有22℃左右，是避暑胜地。

为什么钱塘潮特别壮观？

钱塘潮，又叫"海宁潮"，以每年农历八月十八在浙江海宁的钱塘江边所见到的海潮最为壮观。涌潮袭来时，潮头高度可达3.5米，潮差可达8.9米，气势磅礴，十分壮观。

钱塘江海潮的形成和涌潮的壮观景象与杭州湾得天独厚的地理环境有关。杭州湾位于亚洲大陆东部边缘，形如喇叭口，外宽里窄，面向辽阔的太平洋水域，潮水由东向西推赶。每逢

潮来，大量海水一涌而进，越往里越拥挤，促使水位很快被抬高，并在滩高水浅的地方激起一堵水墙。这种壮观景象，在中秋时节更加显著。因为这时东南季风盛行，风助潮势，潮借风威，滚滚江水与潮头顶撞，更加激起潮涌。从天文因素上说，每逢初一、十五的时候，受太阳和月球的引力影响，形成大潮，因此有"初一、十五涨大潮"的说法。就这样，众多天文和地理因素相互配合，共同制造了闻名中外的钱塘怒潮。

湖水为什么有的咸、有的淡？

在地球陆地上，分布着许许多多大大小小的湖泊，这些湖泊多为淡水湖，但也有的湖水是咸的。

大多数湖泊的水，都是由河水流入的。在流动的过程中，河水把所经过地区的土壤和岩石里的一些盐分溶解了，当河水流入湖泊时，就把盐分带给了湖泊。如果湖水能从另外的出口

继续流出，盐分就会跟着流出去，如北美的五大湖和我国的洞庭湖，最终都流入了大海，所以它们都是淡水湖。

同时也有些湖泊排水非常不便，而且气候干燥，蒸发消耗了很多水分，盐分便会越积越多，湖水也就越来越咸，成为咸水湖。在荒漠和草原地带，因为降水稀少，蒸发强烈，排水不畅，咸水湖往往分布较多，如世界著名的大咸水湖——死海。但也有人认为，在地质时期，咸水湖原是海的一部分，海水退了以后，有一部分海水遗留在低洼地方，成为现在的湖，所以湖水保留了很多盐分。

世界上最大的淡水湖群在什么地方？

　　世界上最大的淡水湖群位于北美大陆的美国和加拿大之间，这个湖群包括五个大湖，它们像亲兄弟一般手拉手连在一起，构成五大湖区。

　　按面积排列：最大的是苏必利尔湖，占了五大湖储水量的一半以上，面积比世界第二大淡水湖维多利亚湖大得多。其次是休伦湖，第三是密歇根湖，第四是伊利湖，最小的是安大略湖。其中除密歇根湖为美国独有外，其他都是美国、加拿大两国共有。

　　五大湖是世界上最大的淡水湖群，因此人们用"淡水的海洋""北美大陆的地中海"来形容它们水量之大。五大湖总面积达24.2万平方千米，大约相当于一个英国。五大湖流域约为766100平方千米，南北延伸近1110千米，从苏必利尔湖西端至安大略湖东端长约1400千米。湖水大致从西向东流，注入大西洋。除密歇根湖和休伦湖水平面相等外，各湖水面高度依次下降。

沸湖是什么样的湖？

　　沸湖位于加勒比海列斯群岛的多米尼加岛上，藏身于岛南部火山区的山谷中。湖长不过90米，但是又陡又深，离岸不远处，湖水已深达90米。

　　沸湖是由一眼间歇泉形成的。在湖底有一个圆形喷孔，当喷泉停歇时期，湖水因缺乏水量补给而干枯。然而一旦喷发，

则地动山摇、群山轰鸣，热流从湖底涌出，湖面烟雾缭绕，热气腾腾，有时还会形成高达二三米的水柱，冲天而起，蔚为壮观，"沸湖"也由此得名。

沸湖的这些热水是从哪里来的呢？原来，沸湖坐落在一个古火山口上，在地球深处的带有大量矿物质和含硫气体的炽热熔岩水，在上升时遇到古火山口通道，就会猛烈地向地表喷出，结果就形成了这个大自然的奇观。

由于沸湖周围地区长期受含硫气体及其他一些有害气体的影响，动植物的生长繁殖受到很大影响，大片植被被毁，景色荒凉，所以被称为"荒谷"。

沸湖间歇泉的奇观常常令游人惊叹不已，它和特立尼达岛上的沥青湖被并称为加勒比海地区的两大奇迹，吸引着世界各地的科学家和游客前去考察和观赏。

罗布泊湖为什么死而复生？

　　位于塔里木盆地东部的罗布泊，是一个典型的内流湖。在地质历史时期，由于受气候变化的影响，它曾几度死而复生。

　　罗布泊最初形成于上新世，当时气候湿热，雨水充沛。但到了上新世晚期，气候转向干热，罗布泊第一次干枯消失。等到早更新世，气候转为温凉多水，周围山地也继续上升，罗布泊死而复生，面积达到2万平方千米。从晚更新世晚期到全

新世初期，气候又趋干燥，罗布泊第二次干枯消失。中全新世是一个多水期，罗布泊再度充水成湖。

进入人类历史时期，罗布泊仍有"广袤三百里"之说。在汉代，罗布泊周围水草丰盛，农牧业兴旺发达，楼兰古国位于湖泊的西部。后来，由于气候变化，湖泊逐渐萎缩，繁荣昌盛的楼兰古国也因缺水及其他原因成为一片废墟。新中国成立后，由于塔里木河与孔雀河流域的农牧业不断发展，两河几乎全被拦截耗尽。因此，到了1964年，罗布泊由于水量不足，第三次彻底干枯了。此时，我们不禁要问，罗布泊湖还能死而复生吗？科学家告诉我们，那要看人类对它的影响了。

贝加尔湖为什么会有海洋动物？

俄罗斯的贝加尔湖并不大，但它却是世界上最深的湖泊。湖中不仅有 2000 多种特有的淡水湖动物，还生活着大量的海豹、鲨鱼、龙虾、海螺等只有在海洋中才能见到的动物。

为什么海洋动物会出现在淡水湖中呢？

科学家们对此进行了不断探索，认为贝加尔湖以前是"北方的海洋"，后来发生地壳运动，周围高山隆起，它却下降，形成了湖泊。后来，周围众多的河流流入湖泊，渐渐地冲淡湖水，使之成为淡水湖，结束了它作为海洋的历史。原来大多数生活在海洋中的海洋生物，在贝加尔湖变迁为淡水湖的过程中绝灭。

但是，有些生存能力特别强的动物，慢慢地适应了淡水环境，成为世界上特有的淡水动物，如贝加尔湖海豹等。也有

学者认为，贝加尔湖中的淡水类海洋动物，原先生活在海洋中，以后不安于海洋生活，进入叶尼塞河，并不断地向河流上游运动，最终到达贝加尔湖，逐渐习惯了在淡水中生活，繁衍后代，便形成了淡水湖中的"海洋动物"。

人类起源于大海吗？

地球已经存在了近46亿年。在地球形成的初期，熔融的地球热量使水化为蒸气，变成包围地球、宇宙射线不易穿透的云层。随着地球的逐渐冷却，云中的蒸气变成水开始降雨，雨水慢慢积聚，于是诞生了生命起源的海洋。

大约在30亿年以前，地球原始大气中的水、二氧化碳、

氢气、氨气等气体在宇宙射线、闪电、高温等作用下生成了一些有机化合物。这些小分子在适当的条件下聚集成大分子，又经过长期的、复杂的变化，最终形成了能和外界交换能量的原始生命。随着生命的不断演变、进化，海洋生物有了越来越复杂的结构。随着地质的变迁，海洋生物中的一部分开始生活在陆地上，又经过漫长的进化发展，原始人类开始出现，并不断进化为现在的人类。所以可以说，人类的生命是源于海洋的。

经纬线是怎样确定的？

　　打开任何一张地图，或者转动一下地球仪，我们都会发现，上面布满了纵横交错的线条，横的叫纬线，纵的就叫经线。通过这些经纬线，我们可以方便地确定地球上任意地点的位置，这对于航海和航空过程中的定位十分有用。

　　我们已经知道，地球是绕着地轴旋转的，地轴是一根假想的连接南北两极并穿过地球中心的线。沿着地轴，从北极到南极，可以画上360个半圆圈，把地球分成360等份，这些半圆圈就是经线。国际上统一规定，以英国伦敦的格林威治天文台的经度为零度

经线，从这条线向东向西各分180度，向东的称为东经，向西的称为西经，所以东经180度和西经180度实际上是同一条线，一般就叫它180度经线。地图上用来区分日期的国际日期变更线，就是以这条线为标准的。

纬线是与经线相垂直的线，以赤道为零度纬线，向南向北各定到90度，赤道以南是南纬，以北是北纬。北纬90度是北极，南纬90度是南极。

东南西北是怎么确定的？

当你在海上或森林里迷路时，最需要的就是指南针，用它来认清东南西北方向。但是你想过没有，地球上的四个方向是根据什么来确定的呢？

地理上的东是指与地球自转方向一致的方向，西就是与地球自转方向相反的方向。有了东西，就产生了南北。地球上南北的终点是南北两极，如果我们从地球中间的赤道出发，向北走去，最终会走到

北极。站在北极点，你不管向哪个方向走，都是向南方行走，不存在向东或者向西的可能。因为北极点的四面八方都是南方。同理，南极的四周也都是北。但是，东西方向是没有终点的，如果我们从地球的某一点出发，一直向东行走，你总会走回原地，那时候你却是绕了地球一周。

如果你拿着一张没有特别标记的地图，就可以依据公认的规则认为：上北下南，左西右东。

四季是怎样划分的？

　　大家都知道，一年有春夏秋冬四季，但是这四季究竟是怎样划分的呢？

　　其实对四季的划分，我国与西方有不同的标准。我国的四季强调季节的天文特征，分别以立春、立夏、立秋、立冬为四季的起点，但这样的四季，与实际的气候情况并不相符。西

方的四季划分，则较多地侧重于气候方面，他们把春分、夏至、秋分、冬至看作四季的起点。这样的四季划分比我国的天文四季各推迟一个半月。但是，要使春夏秋冬四季反映地面上的气候条件，就要采用气候本身的标准来划分四季。

气候学上通常以气候平均温度（每5日的平均气温）作为季节的划分标准：气候温度高于22℃的时期为夏季，低于10℃为冬季，介于二者之间的为春季和秋季。这样，各地的春夏秋冬四季，都有共同的温度标准。但是这样一来，同一地点，四季可能长短不一；不同地点，同一季节也是长短不一的，而且，并不是到处都有四季。

为什么秋天会感到"秋高气爽"？

秋季是由夏到冬的过渡季节，这时在北半球，太阳照射的角度由大变小，地面所受的太阳光热比夏季显著减少。在9月初，就有冷空气频频南下，长驱直入长江中下游地区，促使夏季滞留在此地的南方暖湿空气迅速南移。因此，在9~10月份，

长江中下游地面上往往已为冷高气压所控制。而在高空，夏季盘踞在这里的太平洋副热带高气压，还没有向南退却，所以这时地面和高空都在高气压控制之下。在高压区，下沉气流盛行。

在气流下沉过程中，空气的体积要受到压缩，气温因而增高，这就使得空气的相对湿度变小，空气变得干燥，不利于

云和雨的形成。这是长江中下游地区产生秋高气爽天气的主要原因。过了10月以后，高空的副热带高气压南移，长江中下游在西风带的控制下，成云降雨的机会就比秋季多了。

节气划分的依据是什么？

　　我国的节气就是把一年内地球围绕太阳公转在轨道上的位置变化，以及因此而引起的地面气候演变次序分为24段，每段约隔半个月时间，分列在12个月里，然后规定出各段名称。24节气依次为：立春、雨水、惊蛰、春分、清明、谷雨、立夏、小满、

芒种、夏至、小暑、大暑、立秋、处暑、白露、秋分、寒露、霜降、立冬、小雪、大雪、冬至、小寒、大寒。

节气是我们华夏祖先历经千百年的实践创造出来的宝贵科学遗产，是反映气候和物候变化、掌握农事季节的工具。

24节气是根据地球在黄道（即地球绕太阳公转的轨道）上的位置来划分的。地球绕太阳公转一周是360度，以春分为起点定为0度，每前进15度是一个节气，例如清明、谷雨、立夏、小满分别对应15度、30度、45度、60度。这样运行一周又回到春分点，为一回归年，总共360度，因此分为24个节气。

大气层究竟有多厚？

大气层到底有多厚？天到底有多高？长期以来，人们一直在思考这个问题。人类经过不懈地探索和追求，对大气层的认识越来越清晰了。

整个大气层可以分为对流层、平流层、中间层、热层、外层。从地面到地面以上20千米处是对流层。在这一层里，

气温随高度的升高而不断降低，风、霜、雨、雪、云雾、冰雹等变化多端的天气现象都发生在这一层。从距地面 20 千米往上到 50 千米的高空是平流层。平流层里空气稀薄，气流十分平稳，很适合飞机飞行。从距地面 50 千米至 85 千米的高空是中间层，这一层的气温随高度升高而降低，最高处气温低至零下 90℃。从中间层往上到距地面 500 千米的高空是热层，热层的下部气温随高度的升高而升高，在距地面 250 千米的高空，气温可达 2000℃，并恒定下来。再往上就是外层，这里大气极其稀薄，高速的气体粒子经常会挣脱地球引力，逃逸到外层空间，所以外层又称散逸层。因此，地球大气层 能延伸到地球的几个半径那么远。

为什么南极大陆是世界上最高的大陆?

  地球上最高的大陆不是拥有"世界屋脊"之称的亚洲大陆,而是南极大陆。地球上几个大陆的平均海拔高度分别是:亚洲 950 米,北美洲 700 米,南美洲 600 米,非洲 560 米,欧洲只有 300 米,大洋洲的平均高度还不甚清楚,估计也不过几百米。然而,南极大陆,就其自然表面来说,其平均海拔高度

为 2350 米，比其他几个大陆中最高的亚洲还要高得多。

南极大陆为什么比其他的大陆高这么多呢？这是因为南极大陆 95% 以上的面积被厚厚的冰川覆盖，只有在南极大陆边缘区域有季节性的岩石露出，其余的绝大部分地方都常年覆盖着冰雪。冰的平均厚度为 2000 米左右，最厚的地方达 4800 米，形成了一个巨大的"冰被"。

所以，如果把覆盖在南极大陆上的冰盖剥离，它的平均高度仅有 410 米，比整个地球上陆地的平均高度还要低一些。

夏天为什么北极的太阳总不落山？

北极的夏天景色是十分奇妙的，它每天 24 小时始终是白天，要是碰上晴天，即使是午夜时刻也是阳光灿烂，就像大白天一样的明朗。这就是极昼现象。

产生这种现象的原因是：地球环绕太阳旋转（公转）的

轨道是一个椭圆，太阳位于这个椭圆的中心上。由于地球总是侧着身子环绕太阳旋转，地球自转轴与公转平面之间有一个66°33′的夹角，而且这个夹角在地球运行过程中是不变的，这样就造成了地球上的阳光直射点并不是固定不动，而是南北移动的。在一年中的春分和秋分，太阳光直射在赤道上，这时地球上各地昼夜长短都相等。春分以后，阳光直射点逐渐向北移动，直到夏至日时，太阳光直射在北回归线上，整个北极圈内都能看到极昼现象，而整个南极圈内则正好相反，一片漆黑，产生极夜现象。